Klaus Baumgart · Til Schweiger · Thilo Graf Rothkirch

# Keinohrhase und Zweiohrküken
## Das Buch zum Film

Text von Cornelia Neudert

Nach dem Drehbuch von Klaus Baumgart,
Thilo Graf Rothkirch und Til Schweiger

Baumhaus

Weitere *Keinohrhasen*-Bücher bei Baumhaus:

Klaus Baumgart / Til Schweiger: *Keinohrhase und Zweiohrküken* – auch als Hörbuch erhältlich
Klaus Baumgart / Til Schweiger: *Keinohrhase und Zweiohrküken*, Geschenkausgabe
Klaus Baumgart / Til Schweiger: *Zweiohrküken und Keinohrhase*

Baumhaus Verlag in der Bastei Lübbe AG

Originalausgabe

Copyright © 2013 by Bastei Lübbe AG
Basierend auf der Geschichte und den Bildern des Kinofilms
*Keinohrhase und Zweiohrküken*
© 2013 Rothkirch Cartoon-Film GmbH, barefoot films GmbH,
Warner Bros. Entertainment GmbH

Text: Cornelia Neudert basierend auf dem Drehbuch zum Kinofilm von Klaus Baumgart, Thilo Graf Rothkirch und Til Schweiger
Lektorat: Sigrid Vieth
Bildbearbeitung: Valerio Nervi
Umschlaggestaltung und Satz: Helmut Schaffer, Hofheim a. Ts.
Gesetzt aus der Chaparral Pro
Druck und Einband: Himmer AG, Augsburg

Printed in Germany

ISBN 978-3-8339-0226-0

5 4 3 2 1

Sie finden uns im Internet unter: www.baumhaus-verlag.de
Bitte beachten Sie auch: www.luebbe.de

# Inhaltsverzeichnis

| | |
|---|---:|
| Ein Ei zum Frühstück | 8 |
| Willkommen | 18 |
| Ein Freund ohne Ohren | 26 |
| Ungewohnte Zweisamkeit | 41 |
| Pech für den Fuchs | 58 |
| Kükensachen | 70 |
| Eine Notlüge | 81 |
| Flugübungen | 89 |
| Freunde | 105 |
| Kükenflug | 116 |

# Ein Ei zum Frühstück

Hinter dem Wald geht die Sonne auf. Die Vögel pfeifen, die Bienen summen. Die Hasenbande hängt faul auf ihrer Lichtung herum, und der Bär ist auf der Suche nach einem Bienennest, aus dem er sich Honig holen kann.
Unbemerkt von ihnen allen schleicht der Fuchs durch den Wald. In den Pfoten hält er ein Ei.

Plötzlich springt jemand aus dem Gebüsch heraus. Es ist ein Hase. Allerdings sieht er merkwürdig aus. Er hat nämlich keine Ohren.

„Tata!", schreit der Hase ohne Ohren und lacht den Fuchs an.
„Aaaah!", kreischt der Fuchs erschrocken und lässt das Ei fallen.

Es rollt ins Gebüsch.
„Überraschung", lächelt der Keinohrhase.
Der Fuchs lächelt nicht.
„Alter, du nervst!", knurrt er.
„Hau ab! Lass mich in Ruhe!"
Das Lächeln des Keinohrhasen verschwindet.

„Könntest du mich nicht wenigstens ein einziges Mal jagen?", bettelt er. „Nur so zum Spaß? Ganz kurz? Bitte! Die anderen Hasen jagst du doch auch!"
Der Fuchs schüttelt sich angewidert.

„Du hast wohl nicht mehr alle Karotten im Beet", schnauzt er. „Du bist so peinlich, Mann! Zisch ab! Ich will nicht, dass mich die anderen mit dir sehen!"
Der Keinohrhase sieht sich um.
„Ist doch keiner da", flüstert er.
„Guck, wir machen es einfach so!"
Und mit einem Satz springt er dem Fuchs in die Arme.
„Du hast mich gefangen!", sagt er.
Verblüfft starrt der Fuchs auf den Hasen in seinen Armen.
„Was geht denn hier ab?"
Die barsche Stimme lässt Fuchs und Keinohrhase zusammenzucken.

Breitbeinig, die Ohren stolz gereckt, kommt die Hasenbande unter den Bäumen hervor. Ihr Chef grinst hämisch und durchbohrt die beiden fast mit seinem Blick.
„Der Fuchs hat mich gefangen", nuschelt der Keinohrhase. „Es war eine gefährliche Hetzjagd!"
Sofort lässt der Fuchs ihn los. Der Hase ohne Ohren plumpst auf den Boden, und der Fuchs keucht empört: „Der Lügner ist mir einfach in die Arme gesprungen! Ihr wisst doch, dass ich nur richtige Hasen jage! Hasen mit Ohren!"
„Na klar", sagt der Hasenchef und streicht über seine schönen, kräftigen Ohren. „Ein Hase ohne Ohren ist kein richtiger Hase."
„Na ja, ich hab vielleicht nicht so super Ohren", meint der Keinohrhase

und glättet das Fell auf seinem ohrlosen Kopf, „aber ich kann doch alles, was ein richtiger Hase können muss!"

„Und was soll das sein?", fragt der Hasenchef gelangweilt.

Der Keinohrhase spurtet über die Lichtung.

„Ich kann ganz schnell rennen!", ruft er.

„Pff. Kann doch jeder", sagen die Hasen.

Der Keinohrhase buddelt rasend schnell ein riesiges Loch.

„Ich kann ganz tiefe Löcher buddeln!"

„Öde", sagen die Hasen. „Sonst kannst du nichts?"

„Ich kann einen Riesenberg Möhren wegmümmeln", sagt er. „Und beim Verstecken bin ich sogar besser als ihr, weil meine Ohren nicht immer rausgucken! Darf ich nicht vielleicht doch mitspielen?"

„Schlapperlapapp!", schnauzt der Hasenchef. „Richtige Hasen haben Ohren. Du verschwindest jetzt! Wir haben nämlich Besseres zu tun. Fuchs-jagt-Hasen spielen! – Kann's losgehen, Fuxi?"
Eigentlich würde der Fuchs viel lieber nach seinem Ei suchen. Aber er will auf keinen Fall länger in der Nähe des Keinohrhasen bleiben. „Buh!", ruft er.
Die anderen Hasen flitzen vergnügt davon, der Fuchs hinterher.

Zurück bleibt der Keinohrhase. Hätte er Ohren gehabt, hätte er sie jetzt hängen lassen vor Enttäuschung.

Er dreht sich um und geht traurig durch den Wald nach Hause. Hinter ihm rollt das Ei aus dem Gebüsch. Jemand hat es bei der wilden Hasen-Fuchs-Jagd aus Versehen gestreift. Es kullert ein ganzes Stück hinter dem Keinohrhasen her und bleibt dann zwischen den Wurzeln eines umgestürzten Baumes hängen.

# Willkommen

Der Keinohrhase wohnt in einem kleinen Haus am Waldrand. Vor dem Haus hat er ein Gärtchen voller Mohrrüben und anderem Gemüse. Er hat ein gemütliches Sofa und einen Fernseher, eine große Badewanne, Blumen in der Vase und einen Computer mit Internetanschluss. Er hat eigentlich alles, was man so braucht. Nur einen Freund hat er nicht.
Das soll sich jetzt ändern. Der Keinohrhase malt ein Schild. „Willkommen", schreibt er darauf und hängt es außen an die Haustür.

Dann ruft er die Auskunft an.

„Wie kann ich Ihnen helfen?", fragt eine Frauenstimme.

„Ich suche einen Freund!", sagt der Keinohrhase.

„Einen Moment, ich verbinde", sagt die Frauenstimme.

Sie kennt einen Freund für mich!, denkt der Keinohrhase aufgeregt.

Es knackt ein paarmal in der Leitung, dann meldet sich eine andere Frauenstimme.

„Partnervermittlung ‚Freund und Partner'. Was kann ich für Sie tun?"

Der Keinohrhase ist ein bisschen enttäuscht, aber er fängt sich schnell wieder und antwortet: „Ich suche einen Freund. Einen zum Spielen und Kuscheln."

„Aha", sagt die Frauenstimme. „Wie soll er denn aussehen? Haarfarbe?"

Der Keinohrhase schaut etwas ratlos an sich herunter.

„Braun wäre ganz schön", meint er dann.

„Größe?", fragt die Frauenstimme.

„Hasengroß, würde ich sagen."

Die Frauenstimme klingt verwirrt.

„Hasengroß?", wiederholt sie. „Äh. Ja ... was für ein Typ sollte er denn sein?"

Der Keinohrhase holt tief Luft.

„Auf jeden Fall soll er schönes weiches Fell haben. Und schnell laufen können. Und hoch springen. Und Löcher buddeln. Und Möhren mümmeln."

„Das hört sich an, als ob Sie einen Hasen suchen", sagt die Frauenstimme zögernd.

„Nicht unbedingt", antwortet der Keinohrhase. „Er darf nämlich auf keinen Fall Ohren haben! Ich möchte einen Freund ohne Ohren, genau wie ich!"

Jetzt wird es der Partnervermittlerin zu dumm. Sie glaubt, dass der Keinohrhase sie veräppeln will, und legt auf. Dabei möchte er doch wirklich nichts weiter als einen Freund finden!

Niedergeschlagen geht er zur Haustür und nimmt das „Willkommen"-Schild wieder ab.

Währenddessen geht im Wald die Verfolgungsjagd immer noch weiter.

„Fuxi-Buxi! Fang uns doch!", schreien die Hasen.

Der Fuchs hat schon Seitenstechen. Aber er denkt an das, was sein Vater ihm bei ihrem letzten Telefonat gesagt hat: „Geh jetzt endlich los und fang dir einen von den kleinen Nagern! Du bist ein Fuchs! Füchse sind schlau! Also lass dir nicht ständig von denen auf der Nase rumtanzen! Pack sie endlich in den Topf!"

Am liebsten hätte der Fuchs gesagt: „Ich mag überhaupt keinen Hasenbraten, Papi! Honigpops sind mir viel lieber!"

Das hat er sich aber nicht getraut. Stattdessen hat er das Handy zu den Fröschen in den Garten geschmissen. Ein besonders großmäuliger Frosch hat es beim Quaken aus Versehen verschluckt. Allerdings hatte Vater Fuchs da schon längst aufgelegt.

„Gleich hab ich dich!", brüllt der Fuchs und hetzt hinter dem nächsten Hasen her, den er entdecken kann.

Der Hase kichert und hopst genau über den Baumstamm, in dessen Wurzeln das Ei hängt. Der Fuchs stolpert ihm nach. Keiner von beiden bemerkt, dass sich das Ei aus den Wurzeln löst und wieder anfängt zu rollen. Es rollt und rollt, bis zum Waldrand und weiter, den Weg hinunter bis zum Haus des Keinohrhasen. An der Haustür endet der Weg. Dort kommt das Ei mit einem leisen Pochen zum Stillstand. Der Keinohrhase sitzt traurig auf dem Sofa, als er das Geräusch hört. „Nanu? Hat die Frau von der Partnervermittlung doch jemanden für mich gefunden?", murmelt er. „Oder sind es bloß wieder die anderen Hasen, die mich ärgern wollen?"
Halb hoffnungsvoll, halb misstrauisch öffnet er die Tür.

Zuerst sieht er niemanden, doch dann entdeckt er zu seinen Füßen das Ei. Ganz, ganz vorsichtig hebt er es auf. Es sieht zwar harmlos aus, aber man kann nie wissen. Die anderen Hasen haben ihm schon öfter Dinge vor die Tür gelegt, die harmlos ausgesehen, dann aber laut geknallt oder fürchterlich gestunken haben.

„Puh, ist das anstrengend", japst zur selben Zeit der Fuchs und bleibt am Waldrand stehen, um Atem zu holen. Er keucht wie ein alter Blasebalg.

Ich sollte mehr Ausdauersport machen, denkt er und sieht den Keinohrhasen, der vor seiner Haustür steht und etwas in den Pfoten hält. Etwas, das der Fuchs kennt.

„Was macht'n der mit meinem Ei?", knurrt er empört.

Inzwischen hat der Keinohrhase gemerkt, dass das Ei ungefährlich ist. Vorsichtig trägt er es ins Haus.

„Mist!", schimpft der Fuchs. „Mein schönes Frühstücksei! Aber das hol ich mir wieder!"

## Ein Freund ohne Ohren

Drinnen untersucht der Keinohrhase das Ei genauer. Er schnuppert daran. Es riecht ganz leicht nach Walderde. Dann rückt er eine Lampe heran und betrachtet das Ei im Licht. Innen, auf der anderen Seite der Eischale, bewegt sich etwas.
„Ui, es lebt!", staunt der Keinohrhase.
Aufgeregt hält er einen Trichter an das Ei. Ob auch etwas zu hören ist? Ja, da ist ein Klopfen. Allerdings kommt es nicht aus dem Ei, sondern von der Haustür.

„Ich bin gleich wieder da", flüstert der Keinohrhase dem Ei zu.
Draußen steht der Fuchs.
„Sag mal, kann es sein, dass dir ein Ei zugelaufen ist? So weiß und eiförmig?", fragt er betont beiläufig.
„Eier können nicht laufen", entgegnet der Keinohrhase.
„Egal!", knurrt der Fuchs. „Ich suche ein Ei. Es gehört nämlich mir!"
Aber du kriegst es nicht, denkt der Keinohrhase.
Mit dem Finger deutet er hinter den Fuchs.
„Da! Da läuft dein Ei!", ruft er.

Verwirrt dreht der Fuchs sich um, und der Hase schlägt die Tür zu. „He, Hasenvieh! Ich wollte dich doch nur warnen!", hört er die Stimme des Fuchses durch die Tür. „Aus Eiern schlüpfen manchmal ganz gefährliche Tiere. Schlangen, Krokodile, Dinosaurier und Monster!" Der Keinohrhase antwortet nicht. Nach einer Weile gibt der Fuchs auf und trollt sich. Der Keinohrhase atmet erleichtert durch. Allerdings ist ihm das Ei nun doch etwas unheimlich geworden. Er geht ins Arbeitszimmer und guckt im Computer nach, welche gefährlichen Tiere aus Eiern schlüpfen. Da gibt es tatsächlich eine ganze Menge: Schlangen, Krokodile, Haie ... Aber sie leben alle nicht da, wo der Keinohrhase lebt, sondern weit weg.

Außerdem findet der Keinohrhase noch etwas Wichtiges heraus: Aus Eiern schlüpfen nur Tiere ohne Ohren.

„Du hast keine Ohren!", jubelt er. „Wir werden die dicksten Freunde überhaupt."

Der Keinohrhase nimmt das Ei in den Arm und tanzt mit ihm durchs Zimmer.

Später, als Schlafenszeit ist, legt er es neben sich aufs Kopfkissen. „Schlaf gut", flüstert er ihm zu und stupst es zart mit der Nase.

Nun ist der Keinohrhase nicht mehr einsam. Er macht alles mit dem Ei zusammen. Beim Essen sitzen sie gemeinsam am Tisch. Sie hören miteinander Musik und sehen zusammen fern. Der Keinohrhase lässt das Ei in der Badewanne schwimmen.

Er strickt ihm eine Mütze, damit es nicht friert, denn er geht jeden Tag mit dem Ei an die frische Luft.

Und er misst es immer wieder und notiert stolz, wie es wächst.

Auch der Fuchs verfolgt genau, was mit dem Ei passiert. Heimlich schleicht er ums Haus und lauert auf eine Gelegenheit, es sich zu schnappen.

„Hau ab, du Schlingel!", ruft der Keinohrhase ihm zu, als er ihn auf der Wiese bemerkt.

Der Fuchs deutet auf das Ei und schreit: „Daraus schlüpft bestimmt ein Krokodil oder ein Saurier, ein Mooonster!"

Der Keinohrhase schüttelt den Kopf und sagt leise: „Ist mir alles egal. Hauptsache, es hat keine Ohren."

Schließlich ist das Ei so groß geworden, dass der Hase es nur noch mit Mühe schleppen kann. Zum Spazierengehen legt er es deshalb in einen Bollerwagen.

Er schiebt den Wagen, wie so oft zuvor, den Hügel hinauf. Vom Waldrand aus wird er dabei vom Fuchs beobachtet. Durch sein Fernglas sieht der Fuchs, wie der Keinohrhase auf der Spitze des Hügels eine Pause einlegt.

„Du bist wirklich ganz schön schwer geworden", sagt der Hase zum Ei. „Bald muss ich mir was anderes einfallen lassen, um mit dir rauszugehen."

Plötzlich löst sich ein Stein unter einem Rad des Wagens. Der Keinohrhase fällt vornüber. Der Bollerwagen poltert auf der anderen Seite des Hügels hinunter. Das Ei wird hin und her geschleudert. Schließlich kippt der Wagen um, das Ei fällt heraus und schlägt auf einen Stein. Krack!

„Oh nein!", schreit der Keinohrhase.

Entsetzt sieht er, dass das Ei einen breiten Riss bekommen hat. Es wackelt hin und her, und mit einem weiteren *Krack!* bricht ein Bein durch die Schale. Das Bein ist gelb.

Jetzt ist es so weit!, denkt der Keinohrhase aufgeregt.

Weitere Teile der Schale springen ab. Das frisch geschlüpfte Tier schüttelt sich. Nur auf seinem Kopf liegt noch ein Stück Schale.

„Piep?", macht es.

„Piep!", antwortet der Keinohrhase atemlos.

Sein Herz klopft wie verrückt.

Ein Küken! Aus dem Ei ist ein Küken geschlüpft! Ein gelbes Küken mit weichen Flaumfedern, einem süßen Schnabel und zwei neugierigen Augen, die den Keinohrhasen anstrahlen.

Das Küken schüttelt sich noch einmal, und nun fliegt auch der letzte Rest Eierschale von seinem Kopf. Und dort auf seinem Kopf …

„Hä?", macht der Keinohrhase entgeistert.

Auf seinem Kopf sind zwei gelbe, flauschige …

„Nee, oder?" Der Keinohrhase ist erschüttert. „Ohren!! Das kann aber auch nur mir passieren."

Zutiefst enttäuscht dreht er sich um und geht davon.

Doch schon nach ein paar Schritten spürt er, dass jemand hinter ihm herhüpft. Eine kleine Flügelhand schiebt sich in seine große Hasenpfote. Der Keinohrhase bleibt stehen und sieht sich um.

„Piep!", macht das Zweiohrküken.

„Piep", sagt der Keinohrhase und lächelt ein wenig.

Das Zweiohrküken schlingt seine Flügel um den Keinohrhasen. Langsam legt auch der Hase seine Arme um das Küken. Klein und kuschelig fühlt es sich an, warm und ganz, ganz wunderbar.

Das Küken späht am Keinohrhasen vorbei und zeigt auf sein Haus.
„Wohnen wir da?"
„Äh, ja", stottert der Hase verdutzt, „da wohne ich ... äh, wohnen ... wohnen wir."
Er holt den Bollerwagen und setzt das Küken hinein. Dann zieht er es nach Hause – ein Zuhause, das jetzt nicht mehr nur einen, sondern zwei Bewohner hat.
Der Fuchs lässt das Fernglas sinken und sagt mit gerunzelter Stirn: „Ein Küken mit Ohren?"
Doch dann zuckt er mit den Schultern.
„Wird schon schmecken! Hähähähä!"

# Ungewohnte Zweisamkeit

Obwohl der Keinohrhase schon so lange mit dem Ei zusammengelebt hat, fühlt es sich mit dem Küken jetzt ganz fremd an. Sie sitzen am Tisch, der Hase lacht das Küken ein wenig verlegen an und weiß nicht so recht, was er sagen soll. Schließlich kommt er auf die Idee, etwas zu essen zu holen.

„Au ja!", ruft das Küken.

„Ich bin gleich wieder da", sagt der Hase eifrig. „Bleib schön sitzen!"

Er rennt in den Garten und zieht seine zartesten Möhren aus der Erde. Als er wieder ins Haus kommt, sitzt das Küken nicht mehr auf dem Stuhl.

Ausgelassen saust es durch die Wohnung, hüpft auf dem Sofa, zieht Bücher aus dem Regal, steckt neugierig den Schnabel in alle Schränke und bemerkt gar nicht, dass es allerhand Sachen zum Rutschen und Fallen bringt.

„Oh nein!", ruft der Hase, als er die heruntergefallenen Kissen und verstreuten Stifte und Blätter sieht.

Das Küken hat gerade herausgefunden, dass man mit dem Teppich hervorragend surfen kann. Mit Schwung gleitet es über den Boden. Der Hase fängt es auf, ehe es gegen die Kommode stößt.

„Autsch", stöhnt er.

„Hihihi!", lacht das Küken. „Ist das Essen jetzt fertig?"
„Gleich", seufzt der Hase. „Setz dich bitte wieder auf den Stuhl."
Als er dem Küken die gewaschene und getrocknete Möhre reicht,
erwartet er eigentlich, dass das Küken sie sofort wegmümmelt.
Doch es hackt nur ein paarmal mit dem Schnabel hinein.

„He, doch nicht so!", ruft der Hase. „Eine Möhre muss man mümmeln!" Er macht es dem Küken mit seiner eigenen Möhre vor. Das Küken nickt brav und versucht zu mümmeln. Die Möhre fällt herunter. Das Küken hackt wieder unbeholfen darauf herum.

„Schmeckt's?", fragt der Hase.

„Super", entgegnet das Küken. Aber es klingt wenig begeistert.

Der Keinohrhase beschließt, dass es jetzt Zeit ist, schlafen zu gehen. Er holt das Klappbett aus dem Keller. Darauf soll das Küken schlafen. Im Bad putzt er sich wie jeden Abend ordentlich die Zähne.

Das Küken gähnt und geht an ihm vorbei Richtung Schlafzimmer.
„Muscht du dir nicht auch die Tschähne putschen?", fragt der Hase, den Mund voller Schaum.
„Nee, hab ja keine", erwidert das Küken.

Als der Keinohrhase ins Schlafzimmer kommt, liegt das Küken in seinem Hasenbett und ist bereits fest eingeschlafen. Er betrachtet es eine Weile nachdenklich, dann legt er sich auf das Klappbett und schläft ebenfalls erschöpft ein.

Beim Fuchs jedoch brennt noch Licht. Er lebt in einem Wohnwagen im Wald. Eigentlich ist es eine sehr ruhige Wohnlage, doch im Augenblick wird die nächtliche Stille von einem Klingeln gestört, das auf den Wohnwagen zuhüpft.

Der Fuchs öffnet die Tür, um zu sehen, was das ist. Vor ihm sitzt der Frosch mit dem Handy im Bauch. *Klingelingeling* macht es jedes Mal, wenn er das Maul öffnet.

„Hast du keine Mailbox?", knurrt der Fuchs.

Der Frosch schüttelt den Kopf und klingelt wieder. Der Fuchs packt ihn und hält ihn an sein Ohr. Sein Vater ist dran.

„Hast du jetzt endlich einen Hasen erwischt?", fragt der.

„Nein, Papi", seufzt der Fuchs. „Noch nicht ganz. Aber morgen bestimmt."

„Wenn du morgen endlich einen fängst, steckst du ihn gleich in den Topf, verstanden?", befiehlt der Vater. (Er hat sich vorgenommen, seinem Sohn jetzt endlich beizubringen, wie sich ein richtiger Fuchs benimmt.) „Und zwar mit Kräutern und Knoblauch. Viel Knoblauch, klar?"

„Geht auch ein Küken?", fragt der Fuchs.

„Statt Knoblauch?", fragt der Vater.

„Nein, statt Hase", erklärt der Fuchs zaghaft. „Es hat auch schöne flauschige Ohren!"

Ein Küken mit Ohren? Der Vater stöhnt.

Er ist mein Junge, ich muss ihn lieben, er hat doch sonst keinen, denkt er.

Laut sagt er: „Ja, mein Sohn. Dann übst du eben erst mal mit einem Küken."

Als er aufgelegt hat, sagt der Fuchs seufzend zum Frosch: „Er ist mein Vater, ich muss ihn lieben, er hat ja sonst keinen."

Dann geht auch er schlafen.

Für den Keinohrhasen beginnt der nächste Tag mit einem lauten Brummen. Er schreckt hoch und rast ins Wohnzimmer. Dort steht das Küken und hantiert mit dem Staubsauger. Damit hat es noch mehr Dinge heruntergestoßen, als sowieso schon auf dem Boden liegen. Dafür sind alle Stifte im Sauger verschwunden.
„Was machst du denn da?!", schreit der Keinohrhase.
„Ich helf dir aufräumen!", piepst das Küken fröhlich.

Der Hase holt tief Luft, dann schiebt er das Küken nach draußen. „Tolles Wetter heute", sagt er. „Komm, wir spielen draußen."

Es ist allerdings nicht einfach, ein Spiel zu finden, das beiden gefällt. Beim Rennen ist der Hase viel schneller. Beim Springen kann das Küken sich noch so sehr bemühen und schafft trotzdem nicht mal die kleinsten Hindernisse. Auch das Buddeln macht ihm keinen rechten Spaß.

Der Keinohrhase überlegt.
„Wie wär's mit Verstecken?", schlägt er dann vor.
Er muss dem Küken erst erklären, wie das geht.
„Ich schau weg und zähle, und du springst hinter ein Gebüsch oder hinter einen Baum, wo ich dich nicht sehen kann."

Das Küken nickt. Der Hase zählt bis zehn. Als er die Augen öffnet, sieht er sofort die Ohren des Kükens hinter einem Baum hervorschauen.

„Ich seh dich!", ruft er lachend.

Das Küken ist enttäuscht.

„Hab ich was falsch gemacht?", fragt es.

Der Keinohrhase hört auf zu lachen.

„Natürlich nicht. Du hast dich toll versteckt", versucht er zu trösten.

„Sollen wir was anderes spielen?"

„Nein, nein", erwidert das Küken. „Diesmal versteck ich mich ganz gut, du wirst sehen – oder besser gesagt nicht sehen!"

Der Hase beginnt wieder zu zählen, und das Küken saust in den Wald. Dort entdeckt es zwar kein Versteck, dafür aber den Fuchs, der sich mit einem klingelnden Frosch unterhält.

„Hau ab!", sagt er zu dem Frosch. „Ich geh jetzt nicht ran! Ich bin gerade am Lauern!"

„Hallo", sagt das Küken.

„Äh, hallo", antwortet überrascht der Fuchs. „Was machst du denn hier?"

„Ich suche ein Versteck", sagt das Küken.

„Acht, neun, zehn, ich koooomme!", tönt leise die Stimme des Keinohrhasen durch den Wald.

Der Frosch hört auf zu klingeln und hüpft davon.

„Ein Versteck?", wiederholt der Fuchs und beginnt plötzlich zu grinsen.

„Na klar! Ich zeig dir das beste Versteck der Welt! Dort wird dich dein Freund niemals finden."

„Oh, das ist aber nett von dir!", piepst das Zweiohrküken begeistert.

Der Fuchs führt das Küken zu seinem Wohnwagen. Irgendwo in der Ferne hören sie den Keinohrhasen rufen.

„Küken? Küüüüken! Du bist ja richtig gut versteckt! Toll!"

Der Fuchs öffnet die Tür des Wohnwagens, das Küken hüpft neugierig hinein. Auf dem Herd entdeckt es einen riesigen Topf.

„Wozu hast du denn so einen großen Topf?", fragt es.
„Damit du dich besser verstecken kannst", sagt der Fuchs, nimmt den Deckel ab und setzt das Küken hinein. „Schön drinbleiben. Ich muss noch den Knoblauch holen."
Dann legt er den Deckel auf den Topf und verschwindet nach draußen. Das Küken hebt den Deckel wieder ein Stück an und schaut dem Fuchs durch den Spalt hinterher.

# Pech für den Fuchs

Der Keinohrhase hetzt mittlerweile durch den Wald und sucht verzweifelt nach dem Küken.

„Wo kann es nur sein?", murmelt er vor sich hin. „Wenn ihm bloß nichts passiert ist!"

Er ruft und ruft, aber er bekommt keine Antwort.

Plötzlich bemerkt er den Fuchs zwischen den Bäumen. Der steht in der Nähe seines Wohnwagens und zieht gerade etwas aus dem Gemüsebeet. Der Hase bleibt stehen und schaut genauer hin.

Sind das Zwiebeln? – Nein, Knoblauch.

Und mit einem Mal hat der Keinohrhase das Gefühl, dass hier etwas nicht stimmt.

„Hallo, Fuchs", sagt er.

Der Fuchs fährt herum.

„Kann es sein, dass dir ein Küken zugelaufen ist?", fragt der Hase.

„So ein gelbes, flauschiges mit – Ohren?"

„Mit Ohren?", höhnt der Fuchs. „Seit wann haben Küken denn Ohren?"

Wie kriege ich bloß raus, ob er was weiß?, denkt der Hase verzweifelt.

„Wenn du mir sagst, wo das Küken ist, frage ich dich nie mehr, ob du mich jagen willst!"

„Wirklich?", fragt der Fuchs.

„Ja klar!"

„Das sagst du doch nur, damit ich das Küken rausrücke", knurrt der Fuchs.

„Du hast es also!!", schreit der Keinohrhase.
„Was hat er?"

Aus dem Wald kommt die Hasenbande angehoppelt. „Äh, gar nix", sagt der Fuchs.

Der Hasenchef baut sich vor dem Fuchs auf.

„He, Fuxi-Buxi! Was ist los?", raunzt er. „Wir warten wie die Bekloppten und du kommst nicht zum Jagen! Du hängst wohl lieber mit dem Loser hier ab."

Er deutet verächtlich auf den Keinohrhasen.

„Ich bin kein Loser!", widerspricht der verletzt.

„Mach mal die Nagezähne dicht, du", schnauzt der Hasenchef ihn an. „Das is 'ne persönliche Angelegenheit zwischen dem Fuchs und den coolen Hasen! Kapito, Nullohr? Oder verstehst du kein Französisch?!"

„Ich hab den Fuchs doch nur was gefragt", entgegnet der Keinohrhase ärgerlich.

Langsam geht ihm der Hasenchef mit seinem blöden Getue ganz schön auf die Nerven!

„Sorry, sorry, Leute!", unterbricht der Fuchs. „Macht das unter euch aus. Ich hab jetzt echt zu tun! Ich koche gerade ein Süppchen, und das wartet auf mich!"
Er dreht sich zum Wohnwagen um, aber für seine Kochpläne ist es zu spät. Dem Küken ist im Topf langweilig geworden. Es kommt zur Tür herausgehüpft.

„Da bist du ja!", jubelt der Keinohrhase.

Erleichtert nimmt er das Küken in den Arm.

„Komm, wir gehen heim."

Doch zuvor schaut er den Fuchs noch einmal böse an.

„Ein Süppchen, was?", knurrt er.

Dann gehen Keinohrhase und Zweiohrküken zusammen davon.

Die anderen Hasen starren ihnen mit offenen Mündern hinterher. Als sie weg sind, dreht der Hasenchef langsam den Kopf und starrt den Fuchs vorwurfsvoll an.

„Wollte hier jemand vielleicht eine Kükensuppe kochen??", fragt er.
„Aaaarrr!", schreit der Fuchs verzweifelt, und die Hasen rennen davon, so schnell sie können.
Der Fuchs hat keine Lust, sie zu verfolgen. Er geht in seinen Wohnwagen und futtert verärgert eine Packung Honigpops.
Irgendwann kommt der Frosch angehüpft.
„Klingeling!", macht er. „Klingeling!"
„Oh nee! Muss das sein?", stöhnt der Fuchs.
Wie er vorausgesehen hat, ist sein Vater nicht begeistert, dass es mit dem Küken nicht geklappt hat.
„Wenn du es so nicht hinkriegst, dann bau 'ne Falle!", bestimmt Vater Fuchs. „Das funktioniert bei jedem, auch bei den Unbegabten!"
Eine Falle! Daran hat der Fuchs noch nicht gedacht.
„Könnte klappen, wenn ich das richtige Lockfutter habe", überlegt er. Nachdenklich betrachtet er einen der Honigpops, und plötzlich hellt sich sein Gesicht auf.

Wenig später schleppt er eine Menge Zeug in den Wald. Nach drei Stunden Tüftelarbeit steht die Falle.
„So, und jetzt noch die Honigpops", murmelt er, und eifrig legt er eine Spur Richtung Waldweg.
Kaum ist er mit der Spur fertig, hat sie schon jemand entdeckt. Allerdings nicht das Küken, sondern der Bär.
„Mmm! Honigpops!", brummt er. „Die mit dem Knuspermantel! Lecker!"
Vor den Augen des Fuchses schleckt er ein Knusperding nach dem anderen auf.
„Nein, halt, halt!", ruft der Fuchs, doch bei Honig ist der Bär nicht zu bremsen.

Er steuert zielsicher auf die Falle des Fuchses zu und tappt hinein. Als Erstes schnappt – *klipp!* – eine Mausefalle zu. Dann zieht sich – *schlupp!* – eine Schlinge um das Bärenbein. Ein Küchensieb schwingt heran und haut dem Bären – *dong!* – eins auf die Nase.

Aus den Zweigen saust der Suppentopf herunter und fällt ihm umgedreht über den Kopf.

„Aua!", brummt der Bär und schlägt mit seiner Keule um sich, die er sonst immer zur Abwehr von Bienen benutzt.

Die Keule trifft den Fuchs zwischen die Ohren. Für einen Moment sieht er Sternchen und geht zu Boden.

Der Bär schüttelt den Topf ab und hält sich den Schädel.

„Dass einen die paar kleinen Honigpops so umhauen können, alter Falter", brummt er und hält sich den dröhnenden Kopf.

Dann bemerkt er den Fuchs, der noch am Boden liegt. Das Gesicht des Bären hellt sich auf.

„Ein kleines Schläfchen. Gute Idee! Das kann nie schaden", murmelt er und lässt sich neben dem Fuchs ins Gras fallen.

Der Fuchs dagegen richtet sich benommen auf. Er schaut auf die Überreste seiner Falle und stöhnt leise. Irgendwie ist das heute kein besonders guter Tag für ihn.

## Kükensachen

Zu Hause muss der Keinohrhase erst mal aufräumen. Und weil er das lieber alleine macht, setzt er das Küken vor den Fernseher und gibt ihm die Fernbedienung in die Hand.
Eigentlich hätte das Küken gerne beim Aufräumen geholfen. Lustlos zappt es herum und bleibt bei einer Sendung hängen, in der es um Vögel geht. Immer faszinierter beobachtet es, wie die Jungen schlüpfen und heranwachsen und wie sie schließlich aus dem Nest hüpfen und anfangen zu fliegen. Mit ausgebreiteten Schwingen schweben sie durch den Himmel.
„Oh!", staunt das Küken.

Wie schön und frei das aussieht! Und eine großartige Aussicht muss man haben von so weit oben!
Die Möhrenuhr an der Wand schlägt acht Mal.
Der Keinohrhase horcht auf.
„Jetzt kommt meine Lieblingssendung!", ruft er.
„Die wird dir auch gefallen."
Er setzt sich neben das Küken und schaltet um.
Die Vögel verschwinden. Im Fernseher sind jetzt tanzende Möhren zu sehen.
„Toll, nicht?", sagt der Hase mit glänzenden Augen.
„Hm", macht das Küken enttäuscht.
Am nächsten Morgen ist es schlecht gelaunt.

Der Keinohrhase hat die Möhre auf dem Küken-Teller besonders schön hergerichtet, aber das Küken bemerkt es nicht einmal. Wie wild beginnt es, auf der Möhre herumzuhacken. Schnell zieht der Hase ihm den Teller weg.

„Nicht! Das ist eine Möhre, die mümmelt man!", erklärt er leicht verärgert.

„Ich weiß, dass das eine Möhre ist", knurrt das Küken. „Aber ich bin kein Hase! Immer willst du Hasensachen mit mir machen! Deshalb kannst du auch immer alles besser. Laufen, buddeln, dich verstecken ..." Das Küken schweigt. Der Hase weiß einen Moment lang nicht, was er sagen soll.

Was hat das Küken bloß so wütend und traurig gemacht?

„Ähm", meint er schließlich. „Hasen können so was eben. Ist wohl angeboren."

„Und was ist mir angeboren?", fragt das Küken.

Der Hase öffnet den Mund, aber es fällt ihm nichts ein.

„Ich mag keine Hasensachen mehr machen", murmelt das Küken.

Es steht vom Tisch auf.

„Außerdem mag ich keine Möhren", fügt es noch hinzu und geht mit hängenden Ohren hinaus.

Der Hase ist baff.

„Es mag keine Möhren? Das gibt's doch nicht!"

Nach und nach wird ihm etwas klar.
„Es ist anders als ich", sagt er langsam.
Er überlegt noch einen Moment, dann rennt er hinaus in den Garten. Schließlich gibt es dort auch noch etwas anderes als Möhren!

Das Küken steht währenddessen im Schlafzimmer vor dem Spiegel und betrachtet seine kurzen Flügel. Probeweise bewegt es sie auf und ab. Dann klettert es auf einen Stuhl, flattert heftig und hüpft in die Luft.

Unsanft landet es auf dem Boden.

„Aua."

Es macht sich nicht die Mühe, wieder aufzustehen. Traurig bleibt es sitzen.

Nach einer Weile kommt leise der Hase herein.

„Ich hab dir was anderes zu essen mitgebracht", sagt er. „Was du hoffentlich magst."

„Danke, aber ich hab keinen Hunger", antwortet das Küken niedergeschlagen.

„Glaubst du, dass ich auch was gut kann?", fragt es leise.
„Oder wenn schon nicht gut, dann wenigstens so einigermaßen mittel?"
Der Hase erwidert zögernd: „Jaaa, also, was würdest du denn gern …?"
„Ich weiß nicht. So eine – Kükensache vielleicht."
„Ähm, tja, Kükensache …"
Der Hase kratzt sich am Kopf. Von Kükensachen hat er wirklich nicht viel Ahnung. Doch plötzlich fällt ihm ein, wer davon Ahnung hat.
„Ich weiß, wen wir fragen können!", ruft er.
Hoffnungsvoll hebt das Küken den Kopf.
„Wirklich?"
„Ja, komm! Wir gehen zum Bauernhof und fragen die Experten!"
Das Küken rappelt sich hoch und hüpft schon wieder ganz munter nach draußen.

„Hallo! Wir hätten da mal 'ne Frage", sagt der Keinohrhase, als er und das Zweiohrküken bei der Wiese ankommen, wo die Bauernhof-Küken wohnen.

Die Küken kommen näher gehüpft und beäugen die beiden etwas misstrauisch, vor allem die Ohren des Zweiohrkükens sind ihnen nicht geheuer.

„Was denn für 'ne Frage?", fragt das vorwitzigste Küken.

„Ähm, also", erwidert der Keinohrhase, „wir wollten mal fragen, was Küken denn besonders gut können."

Die Küken sehen sich an.

„Picken", antwortet eines.

„Und scharren", ein anderes.

„Ja, wir picken und scharren nach Würmern. Das können wir richtig gut."

Alle Küken nicken.

„Siehst du", sagt der Keinohrhase zum Zweiohrküken, „Küken picken und scharren. Das war ja nicht schwer herauszufinden."

Zu den anderen Küken sagt er: „Vielen Dank für die Auskunft", und will schon wieder gehen.

Doch das Zweiohrküken bleibt stehen und fragt: „Und was ist mit Fliegen?"

„Fliegen??!?"

Hätten die anderen Küken auch Ohren gehabt, wären sie ihnen jetzt vor Erstaunen wohl abgefallen.

„Wozu haben wir denn unsere Flügel?", fragt das Zweiohrküken weiter.

„Weiß nicht. Sieht doch gut aus", antwortet eines und betrachtet seine Stummelflügelchen.

Das Zweiohrküken sagt: „Aber ich möchte doch so gerne …"

„… fliegen?", vervollständigt der Keinohrhase erstaunt den Satz.

Das Zweiohrküken sieht ihn an und nickt.

Das vorwitzige Bauernhof-Küken bricht in schallendes Gelächter aus: „Hähähä! Schnall dir doch 'ne Silvesterrakete unter den Bürzel, dann kannst du fliegen!"

Die anderen Küken lachen auch.

Eines kreischt: „Küken können doch nicht fliegen!"

Vor lauter Lachen fällt es um und gackert im Liegen weiter.

Das Zweiohrküken dreht sich wortlos um und geht davon. Der Keinohrhase folgt ihm. Er sieht, wie niedergeschlagen es nun wieder ist. Deshalb sagt er: „He, wir lassen uns von denen doch nicht runterziehen."

„Muss ich jetzt wieder Hasensachen machen?", piepst das Zweiohrküken traurig.

„Neein!", wehrt der Hase ab. „Du bist doch ein Küken!"

„Aber Küken können nicht fliegen", schluchzt das Zweiohrküken. Die Tränen kullern ihm den Schnabel entlang.

„Ich wollte doch so gerne flie-hiegen!", heult es.

„Ach was!", ruft der Keinohrhase. „Von diesen Küken hat doch keiner eine Ahnung! Ich helf dir einfach, herauszufinden, wie das Fliegen geht, und dann ist die Sache geritzt!"

„Wirklich?", fragt das Zweiohrküken und wischt sich die Tränen vom Schnabel.

„Na klar!"

„Du bist der tollste Freund der Welt!", jubelt das Küken, und der Hase wird ein bisschen rot unter seinem Fell.

# Eine Notlüge

Wieder zu Hause stöbern der Keinohrhase und das Zweiohrküken im Bücherregal und ziehen alle Bücher heraus, in denen es ums Fliegen geht.
„Damit etwas gelingt, muss man sich nämlich vorher gut informieren", sagt der Hase.
Jedenfalls macht er das so, wenn er ein neues Möhren-Rezept ausprobiert. Das sagt er aber nicht laut, um das Küken nicht wieder zu verunsichern. Dem Hasen sind inzwischen allerdings Zweifel gekommen, ob das mit dem Fliegen wirklich klappen kann.
Während das Küken sich in eines der Bücher vertieft, geht er ins Arbeitszimmer und schaltet den Computer an.

„Können Küken fliegen?", tippt er in das Frage-Feld.
Als Antwort zeigt der Bildschirm ein Küken, das auf einem Hügel steht. Darunter blinkt die Antwort: „Küken können nicht fliegen."
Möhrenmist, denkt der Hase.
Er überlegt einen Moment, dann tippt er:
„Können Küken mit Ohren fliegen?"
Die Antwort des Computers lautet:
„Es gibt keine Küken mit Ohren."
„Klar gibt es die, du dummes Ding!", knurrt der Hase und drückt verärgert auf eine Taste.
Der Computer piepst, der Drucker beginnt zu rattern und spuckt in rasender Geschwindigkeit eine bedruckte Seite nach der anderen aus.

Auf jeder Seite ist das Küken auf dem Hügel zu sehen.
„Halt, stopp", stöhnt der Hase und sucht nach dem Aus-Knopf.
Die Küken-auf-dem-Hügel-Blätter flattern ihm nur so um den Kopf.

„Was machst du denn?", ruft das Küken aus dem Wohnzimmer herüber.
„Gar nichts!", ruft der Hase hektisch zurück.
Er hat jetzt den Aus-Knopf gefunden, und der Blätterregen hört auf.
„Kann ich mitmachen?", fragt das Küken und kommt neugierig aus dem Wohnzimmer.
„Nein!", schnauft der Hase. „Lies das schöne Buch!"
Er rafft die Ausdrucke zusammen und stopft sie unter den Teppich.

Aber es sind viele. Sie liegen im ganzen Zimmer herum.
Das Zweiohrküken öffnet die Tür des Arbeitszimmers einen Spalt.
„Können wir jetzt mit dem Fliegen anfangen?", piepst es.
„Glei-heich!", faucht der Keinohrhase und schiebt die Tür wieder zu.
„Wann denn?", fragt das Küken durch die Tür.
„Uuuh!", stöhnt der Hase und stopft noch ein paar der Küken-können-nicht-fliegen-Bilder unter den Teppich. Jetzt hat er alle – bis auf eines. Es liegt direkt neben der Tür, und eine Ecke guckt darunter hindurch.

Das Küken entdeckt die Ecke. Kurzerhand beginnt es, daran zu ziehen.
Nee, oder?, denkt der Hase verzweifelt und stürzt sich von seiner Seite auf das verschwindende Blatt.
Auch er erwischt eine Ecke und zerrt daran.
Nun zieht auf der einen Seite das Zweiohrküken, auf der anderen der Keinohrhase. Irgendwann hält das Blatt dem Gezerre nicht mehr stand. Es zerreißt. Küken und Hase fallen nach hinten.

Die Tür schwingt auf, die Papierfetzen flattern durch die Luft. Das Küken schaut auf den Fetzen, den es in den Flügeln hält.

„Oh, ein Küken!", sagt es. „Aber da fehlen Teile."

Es sieht sich suchend um.

Ich muss meinem Küken sagen, dass es nicht fliegen kann, denkt der Hase.

„Ja, weißt du", stottert er. „Ich habe gerade rausgefunden, dass – äh, dass ..."

„Was denn?"

„Da, guck selber", sagt der Hase bekümmert und reicht dem Zweiohrküken die anderen Papierstückchen.

Das Küken betrachtet das Stück mit dem Hügel.

„Oh, eine Sonne", sagt es.

Sonne?

Der Hase schaut verwirrt zu, wie das Küken die Teile ordnet. Es dreht den Hügel um, sodass er wie der untere Rand einer großen Sonne aussieht. Darunter legt es das Küken und darunter den Fetzen mit den Wolken.

Jetzt sieht es so aus, als würde das Küken durch den Himmel schweben.

„Äh", macht der Keinohrhase. „Das stimmt so nicht", will er sagen, doch das Küken jubelt: „Jippie! Das Küken auf dem Bild kann fliegen! Dann kann ich das bestimmt auch!"

Es schnappt sich Kleber vom Schreibtisch und fügt die Teile zusammen.

„Komm, das hängen wir über mein Bett", sagt es eifrig.

Während ihm der Hase langsam ins Schlafzimmer folgt, überlegt er, was er tun soll. Dem Küken die Wahrheit sagen? Dann wird es sicher wieder ganz bedrückt sein. Vielleicht ist eine kleine Lüge in diesem Fall besser?

Und eigentlich ist es gar keine richtige Lüge, denkt der Hase. Höchstens eine Notlüge.

„Schau! Hier siehst du's", ruft das Küken, als der Keinohrhase ins Schlafzimmer kommt.

Das falsch zusammengeklebte Bild hängt jetzt über dem Bett.

„Küken können fliegen!", verkündet das Küken stolz. „Ich kann fliegen! Oh, ich freu mich so!" „Ähm, ja", macht der Hase nur. An diesem Abend schläft das Küken schnell ein. Es träumt davon, wie es schon am nächsten Tag losfliegen wird. Der Hase allerdings ist noch lange wach. Er liest in den Flug-Büchern, notiert sich Zahlen und Stichworte, grübelt über Windrichtungen, Strömungsverläufe, Auftrieb und Flugeigenschaften. Und immer wieder kommt ihm eine Frage dazwischen: Darf man seinen Freund anlügen, auch wenn es eine Notlüge ist?

# Flugübungen

„Wenn du aufgegessen hast, müssen wir dir die richtige Ausrüstung besorgen, und dann geht's los", sagt der Keinohrhase, als er und das Zweiohrküken am nächsten Morgen am Frühstückstisch sitzen.
„Hmh", nickt das Küken.
Noch ehe der Keinohrhase einen Bissen von seiner Möhre nehmen kann, hat es in rasender Eile seinen Mais weggepickt.
„Fertig!", piepst es. „Fliegen bitte!"
Der Keinohrhase atmet tief durch, nickt und nimmt den Zettel mit seinen Notizen vom Tisch.
„Also, fangen wir mit dem Training an", sagt er.
Aus dem Gartenschuppen holt er eine Fliegerkappe und reicht sie dem Küken.

„Die Kappe brauchst du als Schutz", erklärt er.
Das Küken nickt und zieht sie sich über den Kopf. Seine Ohren verschwinden vollständig unter der Kappe.
„Zwickt ein bisschen", meint das Küken.
„Das ist doch super, dann fällt sie beim Fliegen nicht runter", erwidert der Hase. „Und jetzt beginnt das Training."
Er wirft einen Blick auf seine Notizen.
„Wir fangen mit der Ausdauer an."
Er lässt das Küken Liegestützen machen und Seilspringen, und dann soll es durch den Wald rennen.

Bei seinem Lauf kommt das Zweiohrküken am Fuchs vorbei.
„He! Oh! Halt! Hoppla!", ruft er überrascht, verheddert sich in der Falle, die er gerade für das Küken gebaut hat, und wird in hohem Bogen durch die Luft geschleudert.

Bei der Landung prallt er mit dem Bären zusammen.

„Hallo, Fuchs", sagt der Bär.

„Hallo, Bär", sagt der Fuchs und ist gar nicht mehr so verärgert, dass er das Küken wieder nicht gefangen hat.

Den Bären mag er. Der stresst nämlich nie rum.

Und so eine nette Begegnung macht einen miesen Tag gleich viel schöner, denkt der Fuchs, als sie sich wieder trennen.

Das Küken hat von dem Vorfall nichts bemerkt. Prustend kommt es beim Hasen an.

„Super Zeit!", lobt der und hakt das Ausdauertraining auf seiner Liste ab.

Das Küken bewältigt auch das Bollerwagen-Schleudersitz-Training, das Ventilator-Sturmwind-Training und das Luftballon-Anti-Höhenangst-Training. Selbst das Von-einem-hohen-Baum-auf-einem-kleinen-Kissen-landen-Training schafft es mit Leichtigkeit.

Nach und nach hat sich herumgesprochen, was Zweiohrküken und Keinohrhase vorhaben.

Alle sind zum Zuschauen gekommen: die Hasenbande, die Küken vom Bauernhof, und auch der Fuchs hat das Fallenstellen für einen Moment aufgegeben.

„Jetzt haben wir alles trainiert", sagt der Keinohrhase schließlich zum Küken. „Jetzt müsste es klappen. Gehen wir auf den Flughügel!"

Die beiden erklimmen den Hügel nahe ihrem Haus, an dem auch Zweiohrkükens Geburt stattgefunden hat.

„Na, was kriegen wir gleich Dolles zu sehen?", ruft einer der Hasen, als die beiden vorbeigehen.

„Das Zweiohrküken wird heute zum ersten Mal fliegen", antwortet der Keinohrhase stolz.

„Na, da sind wir aber irre gespannt, was, Leute?", höhnt der Hasenchef.

„Küken können nicht fliegen!", piepsen die Bauernhof-Küken. „Das ist wissenschaftlich erwiesen!"
Und der Fuchs murmelt: „Flieg zu mir, du saftiges, gelbes Mittagessen!"
„Komm, wir zeigen es ihnen", sagt der Keinohrhase zum Zweiohrküken.
Auf dem Gipfel des Hügels angekommen, rückt er ihm noch einmal die Fliegerkappe zurecht und reckt dann seine Nase in den Wind.
„Ideales Flugwetter", verkündet er. „Denk einfach an alles, was ich dir gezeigt habe. Beinarbeit, Flügeltechnik, Abheben, und das tiefe Atmen nicht vergessen! Fertig?"
Das Zweiohrküken schaut den Hügel hinab zum Ententeich. Dann hebt es den Blick und sieht in den klaren Himmel hinauf. Sein Herz klopft vor Aufregung.
„Fertig", sagt es.

Der Keinohrhase ruft den Zuschauern zu:
„Und jetzt erlebt ihr – erlebt ihr …"
Mit einem Mal ist er sich nicht mehr so sicher, was genau sie erleben werden. Deshalb vervollständigt er: „Erlebt ihr ETWAS!"
Zum Zweiohrküken sagt er: „Achtung, fertig – Abflug!"
Das Küken rennt los, den Hügel hinunter.
Der Hase rennt neben ihm her und feuert es an: „Gut so! Super Geschwindigkeit! Tolle Schnabelhaltung! Und jetzt heb ab! Spring! Spring!"

Das Küken macht einen Hopser in die Luft, plumpst aber sofort wieder herunter und rennt, von seinem eigenen Schwung fortgerissen, weiter.

„Noch mal! Du schaffst es!", brüllt der Keinohrhase, obwohl er sieht, dass es keinen Zweck hat.
Das Küken kann auch gar nicht mehr springen. Es ist zu schnell.
„Aus dem Weg!", kreischt es. „Aus dem Weg!"

Die Zuschauer, die in seiner Bahn stehen, werfen sich eilig zur Seite. Nur der Fuchs bleibt stehen und breitet die Arme aus, um das Küken zu fangen.

*Wupp!* rennt es in ihn hinein und reißt ihn um.

Die beiden überschlagen sich, der Fuchs lässt das Küken wieder los und landet neben ihm im flachen Wasser des Ententeichs.

Der Fuchs blickt enttäuscht auf das tropfnasse Küken, das ihm wieder mal entwischt ist, dann auf die Zuschauer und den Keinohrhasen, der auf sie zugerannt kommt.
„Hahaha! Das war ja ein super Flug!", brüllen die Hasen.

„Voll ins Nasse! Hihihi!", piepsen die Küken.
Das Zweiohrküken sitzt ganz benommen im Wasser.
Der Keinohrhase läuft zu ihm und hilft ihm auf.

„Sei nicht traurig", sagt er. „Deine Beinarbeit war super! Das nächste Mal klappt's bestimmt besser!"

„Ich will nach Hause", piepst das Zweiohrküken leise.

Der Keinohrhase nickt. Er legt dem Zweiohrküken den Arm um die Schulter, und die beiden gehen langsam weg.

Bauernhof-Küken, Hasenbande und Fuchs starren ihnen nach.

„Wir haben immer gesagt, dass es nicht geht", meint eines der Küken.

„Küken können nicht fliegen", sagt ein anderes. „Aber es wäre doch schön gewesen ..."

„Immerhin haben sie's probiert", knurrt der Hasenchef.

Dann gehen auch sie nach Hause, denn der Himmel hat sich zugezogen. Es sieht nach Regen aus.

# Freunde

Zu Hause wickelt der Keinohrhase das Küken liebevoll in ein Handtuch.
„Setz dich aufs Sofa", sagt er. „Ich mach dir heißen Kakao."
Während der Hase in der Küche verschwindet, schlurft das Zweiohrküken Richtung Wohnzimmer. Es kommt an der offenen Tür des Arbeitszimmers vorbei. Auf dem Boden verstreut liegen die Flug-Bücher, und unter dem Teppich gucken ein paar Blätter heraus.
Ist da nicht ein Küken drauf?
Das Zweiohrküken geht hin und hebt den Teppich hoch. Darunter liegen haufenweise Bilder mit einem Küken auf einem Hügel.
„Aber das ist ja …"
Das Zweiohrküken kann es nicht fassen. Schnell rennt es ins Schlafzimmer, reißt sein Bild mit dem schwebenden Küken von der Wand und läuft damit zurück ins Arbeitszimmer.
Kein Zweifel! Es ist dasselbe Bild! Nur falsch zusammengeklebt.
„Küken können nicht fliegen", flüstert das Küken. „Und mein Freund hat's genau gewusst."
Ihm kommen die Tränen. Es zieht sich die Fliegerkappe vom Kopf, lässt sie zu Boden plumpsen und läuft hinaus, wo gerade die ersten Regentropfen vom Himmel platschen.

Der Keinohrhase hört die Haustür zuschlagen.

„Küken?", ruft er. „Bist du das?"

Keine Antwort.

„Küken??"

Der Hase lässt das Kochgeschirr fallen und rennt ins Wohnzimmer. Kein Küken. Auch im Arbeitszimmer nicht. Aber dort findet er die Ausdrucke und das zusammengeklebte Blatt neben der Fliegerkappe auf dem Boden.

„Oh nein!"

Der Keinohrhase schnappt sich einen Schirm und rennt ebenfalls hinaus in den Regen.

Wo kann es nur hin sein?, überlegt er.
Zuerst sucht er beim Bauernhof. Die Bauernhof-Küken hocken da und machen trübe Gesichter. Das Zweiohrküken ist nicht bei ihnen. Als Nächstes läuft der Keinohrhase zum alten Jägerstand, wo sich bei Regen immer alle Hasen zusammendrängen, um nicht nass zu werden. Auch dort ist das Zweiohrküken nicht.

„Es kann doch gar nicht so weit weg sein, oder?", murmelt der Keinohrhase.
Oder hat es am Ende der Fuchs …?!
Der Hase rennt in die Richtung, in der der Wohnwagen des Fuchses steht.

Da entdeckt er das Küken.
Es hockt auf einem Baumstamm,
mitten im Regen, und lässt traurig
den Kopf hängen.

Als es den Hasen bemerkt, dreht es ihm den Rücken zu.
Der Hase geht hin, setzt sich vorsichtig und hält wortlos den Regenschirm über sein Küken.
Sie schweigen lange, während der Regen nun auch das Fell des Hasen durchnässt.
„Du hast mir nicht die Wahrheit gesagt!", piepst das Küken schließlich vorwurfsvoll. „Küken können gar nicht fliegen."
„Aber du bist doch anders als die anderen Küken", antwortet der Hase.
Das Zweiohrküken schüttelt den Kopf.
„Die anderen haben wohl recht. Ich kann nicht fliegen, und du bist kein richtiger Hase", sagt es.
„Aber ich bin ein richtiger Hase", widerspricht der Keinohrhase, „auch wenn ich keine Ohren habe. Und seit du mein Freund bist, ist mir auch piepsegal, was die anderen sagen!"

Das Zweiohrküken sieht ihn an.
„Und weißt du was?", sagt es und lächelt ein bisschen. „Mir ist auch pieps-pupsegal, was die anderen sagen!"

Das Zweiohrküken schlingt seine Flügel um den Keinohrhasen, und der Keinohrhase umarmt das Zweiohrküken. Sie sind wieder versöhnt. Was für ein schönes Gefühl!

„Wenn man sich etwas ganz doll wünscht", sagt der Hase, „dann kann es auch in Erfüllung gehen. Ich hab mir ganz doll gewünscht, dass ich einen Freund finde. Und dann hat es eines Tages geklopft, und das warst du in deinem Ei. Einfach so."
„Du meinst, dass es eines Tages klopft, und dann kann ich fliegen, einfach so??", fragt das Zweiohrküken.
Der Keinohrhase lacht und schüttelt den Kopf.
„Äh, nein, so hab ich das nicht gemeint", sagt er. „Wie ein Wunsch in Erfüllung geht, kann man vorher nicht wissen. In meinem Garten hat einmal eine Raupe gewohnt. Die hat sich eines Tages einen Kokon gebaut, so eine Hülle, wie einen Schlafsack. Da ist sie lange drin geblieben. Und als sie wieder rausgekrochen ist, hatte sie Flügel und konnte …"

„… fliegen?", vervollständigt das Küken staunend.
„Ja, fliegen", bestätigt der Hase. „Aber jetzt komm. Wir müssen dich trocknen, du bist ja ganz nass!"
Fest aneinandergekuschelt gehen die beiden nach Hause.

Zur selben Zeit hockt der Fuchs missmutig in seinem Wohnwagen. Er niest. Er hat sich bei seinem unfreiwilligen Bad im Teich erkältet. Außerdem klingelt schon wieder der Frosch. Vater Fuchs ruft an. Wer sonst.

„Ich war ganz nah dran, Papi", erklärt der Fuchs. „Es waren nur ein paar technische Probleme."

„Blablabla", macht sein Vater. „Es ist doch immer dasselbe mit dir!"

„Was heißt dasselbe?", faucht der Fuchs wütend. „Das Küken hatte einen Affenzahn drauf! Hat mich glatt umgerissen! Ich hab Glück, dass ich noch lebe! Und außerdem will ich dir mal was sagen. Ich will …"

Mit einem Ruck wird die Tür des Wohnwagens aufgerissen.

„Hey, Kumpel!"

Es ist der Bär.

„Ich hab gesehen, dass bei dir noch Licht brennt, und da dachte ich …"

Er tappt herein und stolpert über ein Seil, das der Fuchs für seinen Fallenbau verwendet.

„… ich komm dich mal besuchen", beendet er seinen angefangenen Satz.

Ein Stapel Gartenmöbel kommt ins Rutschen und zieht das Seil straff.

Der Bär wird umgerissen und liegt wie ein zusammengeschnürtes Paket am Boden.

„Echt gemütlich bei dir, Fuchs", sagt er und blickt sich interessiert um.

Der Fuchs beginnt zu grinsen.

„Papiiii!", schreit er ganz außer sich. „Ich hab den Bären gefangen!"

„Was?!", fragt Vater Fuchs erschrocken.

„Den Bären!! Ich kann dir auch ein Foto schicken!!"

„Jetzt ist der Junge endgültig verrückt geworden", murmelt Vater Fuchs.

# Kükenflug

Zum zweiten Mal an diesem Tag hat der Hase das Küken in ein Handtuch gewickelt. Jetzt stehen sie im Bad, und der Hase schaltet den Fön an, um sich und das Küken zu trocknen. Der warme Luftstrahl wirbelt die Ohren des Kükens nach oben. Und plötzlich hebt sich das Küken ein Stück in die Luft!

Verwundert lässt der Hase den Fön sinken. Auch das Küken sinkt wieder nach unten. Der Hase bläst noch mal auf das Küken.
Der Luftstrom lässt die Kükenohren flattern, das Küken hebt sich ein Stück in die Luft. Fön weg, Küken sinkt.
Der Hase lässt den Luftstrom probeweise um seinen eigenen Kopf fegen. Nichts passiert.
„Komisch", meint er. „Ob es daran liegt, dass du etwas hast, was ich nicht habe?"
„Meinst du?", fragt das Küken erstaunt.
Der Hase föhnt sich selbst an.

„Was passiert?"
„Nichts", antwortet das Küken.
„Und was passiert jetzt?"
Der Keinohrhase hält den Fön wieder so, dass er um die Kükenohren wirbelt.
„Ich schwebe", antwortet das Küken.

Und genau so ist es. Seine Füße schweben mindestens zwei Hasenpfotenbreit über dem Boden.

„Weißt du, was ich glaube", sagt der Hase langsam. „Wer schweben kann, der kann auch fliegen."

„Ooooh ja! Komm, das probieren wir gleich draußen aus!"

Doch draußen ist es inzwischen dunkel geworden. Das Küken schaut in den Himmel und bekommt eine kleine Gänsehaut, weil er so groß und weit aussieht.

„Warten wir lieber bis morgen", schlägt der Keinohrhase vor. „Sonst verfliegst du dich am Ende noch."

Das Küken nickt. Aber schlafen gehen können sie beide noch nicht. Sie sind zu aufgeregt! Mit dem Fön bläst der Keinohrhase alles an, was so herumliegt. Und schließlich flattern all die Küken-können-nicht-fliegen-Blätter unter der Zimmerdecke, und das Zweiohrküken schwebt kichernd zwischen ihnen herum und schlägt in der Luft einen Purzelbaum nach dem anderen.
Irgendwann fallen dem Hasen und dem Küken aber dann doch die Augen zu. Kopf an Kopf schlafen sie auf dem Wohnzimmerteppich ein.

Am nächsten Tag laufen die beiden schon ganz früh auf den Flughügel hinauf. Auf dem Gipfel angekommen, reckt der Hase die Nase in die Luft und verkündet: „Wind aus Nord bis Nordost. Zunehmender Schmetterlingsduft. Auftrieb von unten. Super Flugwetter!"
„Meinst du, es klappt wirklich?", fragt das Küken noch, da – hui! – macht es schon einen kleinen Satz in die Luft. Schnell schnappt der Hase seine Hand.
„Traust du dich?", fragt er. „Soll ich loslassen?"

Das Küken nickt. Ein kräftiger Windstoß fährt um seine Ohren, wirbelt sie im Kreis herum, und das Küken wird nach oben getragen.
„Ich fliiiiiiege!!", piepst es außer sich vor Glück.
„Siehst du, hab ich doch gesagt", freut sich der Keinohrhase.
Das Zweiohrküken fliegt noch einen kleinen Schlenker, dann kehrt es zurück und fällt dem Hasen um den Hals.

„Ich hab dich lieb!", piepst es.
„Ich dich auch!", sagt der Hase.
Und wieder lässt sich das Küken emportragen, diesmal ganz, ganz hoch hinauf. Weit unten liegt der Bauernhof mit den anderen Küken, die scharren und picken.

Und da ist die Lichtung, auf der die Hasenbande wie immer faul herumhängt. Und da ist der Wohnwagen des Fuchses.
Er und der Bär sitzen davor und verspeisen genüsslich einen Honigpop nach dem anderen.

Das Küken schwebt immer weiter nach oben. Tief unter sich entdeckt es auf der Wiese einen kleinen Punkt. Das ist sein Freund, der Keinohrhase. Und das Küken legt die Ohren an und schießt im Sturzflug hinunter zu ihm, mitten in seine Arme.

Die beiden purzeln kopfüber in die Wiese und bleiben mit ausgebreiteten Armen liegen.
Sie schauen einem Schmetterling hinterher, der langsam immer höher schwebt, bis er in dem großen Himmelsblau verschwunden ist.

© M. Bothor

**Til Schweiger** ist als Filmemacher für etliche der erfolgreichsten deutschen Kinoproduktionen der letzten Jahrzehnte verantwortlich: *Knocking On Heaven's Door* (1997), *Der Eisbär* (1999), *Barfuß* (2005), *Keinohrhasen* (2008), *Zweiohrküken* (2009), *Kokowääh* (2008) und *Kokowääh 2* (2012). Für seine Filmerfolge erhielt er zahlreiche Preise und Auszeichnungen wie den *Bambi*, den *Jupiter*, die *Goldene Kamera*, den *Ernst-Lubitsch-Preis* und den *Max-Ophüls-Preis*. Er lebt in Berlin und Hamburg und ist Vater von vier Kindern.

© Olivier Favre

**Klaus Baumgart** gehört mit seinen weltweit über 5 Millionen verkauften Büchern zu den international erfolgreichsten Bilderbuchkünstlern. Der renommierte Grafikdesigner und Autor der Bestsellerreihe *Lauras Stern* wurde für sein Schaffen mehrfach ausgezeichnet. Neben seiner Tätigkeit als Bilderbuchmacher unterrichtet er an der HTW Berlin im Fachbereich Kommunikationsdesign. Klaus Baumgart lebt mit seiner Frau und Hund Barny in der Nähe von Berlin.

© Jens Berger

**Thilo Graf Rothkirch** ist einer der bekanntesten deutschen Animationsfilmproduzenten. Mit Filmen wie *Der kleine Eisbär* und *Lauras Stern* gelangen dem international anerkannten Regisseur und Produzenten große Publikumserfolge.

© privat

**Cornelia Neudert** studierte deutsche und englische Literaturwissenschaft sowie Kunstgeschichte. Seit vielen Jahren macht sie beim Bayerischen Rundfunk Radioprogramm für Kinder und denkt sich Rätsel und Geschichten aus. Außerdem arbeitet sie als freie Autorin und schreibt Kinderbücher.

# Keinohrhase und Zweiohrküken auch als Bilderbuch und Hörspiel!

## Eine herzerwärmende Geschichte über eine ganz dicke Freundschaft!

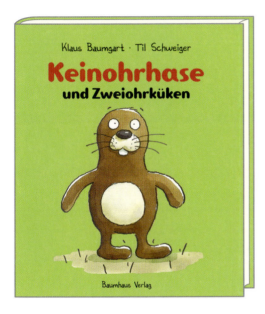

Klaus Baumgart & Til Schweiger
**Keinohrhase und Zweiohrküken**
210 x 235 mm, 56 Seiten
ISBN: 978-3-8339-0193-5

Auch als kleine Geschenkausgabe:
160 x 160 mm
ISBN: 978-3-8339-0194-2

Klaus Baumgart & Til Schweiger
**Keinohrhase und Zweiohrküken**
Hörspiel, gelesen von Til Schweiger
1 CD, 23 Minuten
ISBN: 978-3-8339-5388-0

Klaus Baumgart & Til Schweiger
**Zweiohrküken und Keinohrhase**
210 x 235 mm, 60 Seiten
ISBN: 978-3-8339-0195-9

www.baumhaus-verlag.de

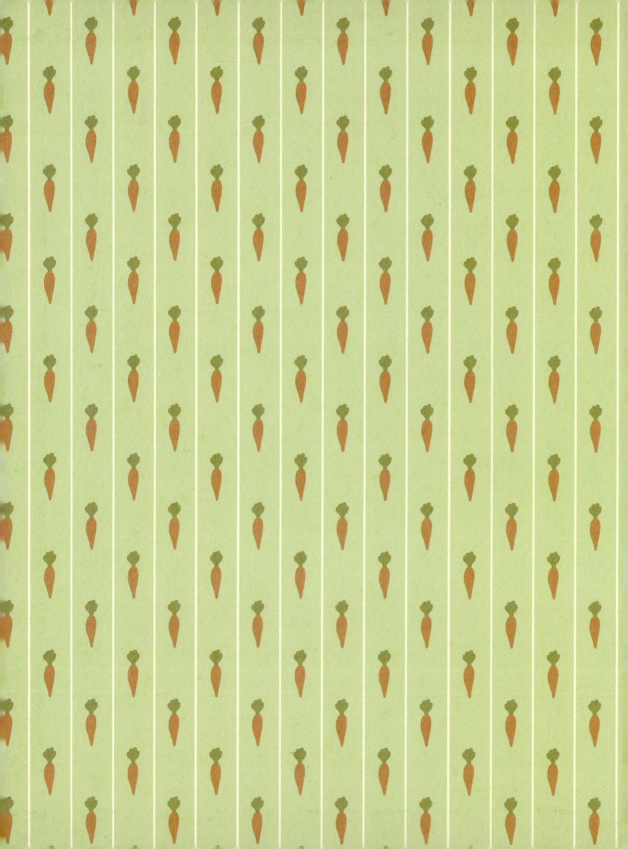